세계를 보는 눈을 길러주는
세계 문화 탐험 프로그램

세계사 여행

1

세계지리 1 – **인류의 탄생**

1차시 오스트랄로피테쿠스(아프리카 대륙 탐험)

2차시 호모 에렉투스(유라시아 대륙 탐험)

3차시 호모 사피엔스(아메리카 대륙 탐험)

4차시 호모 사피엔스 사피엔스(구석기 문화 탐험)

역사 전문 프로그램
❋감돌역사교실

세계사 여행 〈1호 수업안내문 | 세계지리 1 – 인류의 탄생〉

제목	학습목표	학습내용
1차시 오스트랄로피테쿠스 (아프리카 대륙 탐험)	· 오스트랄로피테쿠스의 탄생 과정을 아프리카의 지도를 통해 이해한다. · 아프리카 대륙의 자연환경과 특징을 이해한다.	01 최초의 인류 – 오스트랄로피테쿠스 02 왜 아프리카 대륙에서 처음 인류가 나타났을까? 03 아프리카 대륙 탐험 1 04 아프리카 대륙 탐험 2
2차시 호모 에렉투스 (유라시아 대륙 탐험)	· 호모 에렉투스의 탄생 과정과 이동 경로를 지도를 통해 이해한다. · 아시아와 유럽 대륙의 자연환경과 특징을 이해한다.	01 호모 에렉투스의 출현 02 유라시아 대륙으로 떠난 호모 에렉투스 03 아시아 대륙 탐험 04 유럽 대륙 탐험
3차시 호모 사피엔스 (아메리카 대륙 탐험)	· 호모 사피엔스의 탄생 과정과 이동 경로를 지도를 통해 이해한다. · 오세아니아와 아메리카 대륙의 자연환경과 특징을 이해한다.	01 호모 사피엔스의 출현 02 오세아니아 대륙 탐험 03 아메리카 대륙 탐험 1 04 아메리카 대륙 탐험 2
4차시 호모 사피엔스 사피엔스 (구석기 문화 탐험)	· 호모 사피엔스 사피엔스의 탄생 과정과 이동 경로를 지도를 통해 이해한다. · 구석기 인류가 만든 구석기 시대 문화를 이해한다.	01 호모 사피엔스 사피엔스의 출현 02 인류와 함께 시작된 구석기 시대 03 슬기슬기 사람들이 그린 동굴 벽화

이 달에 배우는 세계사 연표

약 400만 년 전
오스트랄로피테쿠스 출현

약 180만 년 전
호모 에렉투스 출현

약 70만 년 전
한반도 구석기 문화 시작, 자와 원인

약 60만 년 전
독일 하이델베르크 원인

약 50만 년 전
중국 베이징 원인

약 35만 년 전
네안데르탈인 출현

약 20만 년 전
호모 사피엔스 출현

약 10만 년 전
덕천인

약 4만 년 전
호모 사피엔스 사피엔스 출현, 크로마뇽인, 흥수아이

1 오스트랄로피테쿠스

공부하고 지도에 표시하기

현재까지 밝혀진 최초의 인류는 약 400만 년 전 아프리카에 살았던 오스트랄로피테쿠스라고 합니다. 오스트랄로피테쿠스에 대해 알아봅시다.

>> **1** 다음 화석의 사진을 보고 물음에 답하며 최초의 인류를 살펴봅시다.

탄자니아의 라에톨리 유적지에서 발견된 인류의 발자국 화석

1 1978년 인류학자인 리키 부부는 탄자니아 올두바이 계곡 근처 라에톨리 유적지에서 위의 발자국을 발견하고 탄성을 질렀습니다. 왜 탄성을 질렀을까요?

인류학자란 무엇을 연구하는 사람들일까?

2 위의 발자국은 얼마나 오래된 발자국일까요? 인류의 발자국 화석은 어디에 가면 볼 수 있나요?

150cm 키의 어른 둘과 90cm 정도 되는 아이 발자국은 약 360만 년 전으로 추정되는 초기 인류의 발자국이다. 리키 박사는 발자국 화석의 사진을 찍고 본을 뜬 후 화석이 부서지지 않도록 다시 땅 속에 잘 묻었다. 그러나 몇 년이 지난 후 주변의 나무가 자라면서 나무뿌리 때문에 발자국 화석은 파손되었다. 현재는 올두바이 박물관에 리키 박사가 본을 뜬 것만 볼 수 있다.

3 이렇게 두 발로 걸어 다닌 최초의 인류를 오스트랄로피테쿠스라고 부릅니다. 오스트랄로피테쿠스는 무슨 뜻일까요?

오스트랄로 (Australo)	➕	피테쿠스 (pithecus)

>> **2** 오스트랄로피테쿠스가 동물과 무엇이 다른지 침팬지의 모습과 비교해서 설명해 보세요.

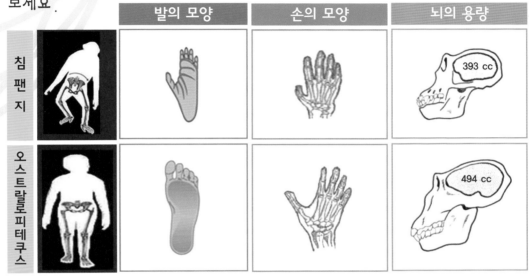

	발의 모양	손의 모양	뇌의 용량
침팬지			393 cc
오스트랄로피테쿠스			494 cc

>> **3** 오스트랄로피테쿠스를 인류의 조상이라고 하는 이유는 무엇일까요?

直 곧을 직   立 설 립   步 걸음 보   行 갈 행

직립보행 : 곧게 서서 걸음을 걷다 : 사지(四肢)를 가진 동물이 뒷다리만 사용하여 등을 꼿꼿하게 세우고 걷는 일

>> **4** 오스트랄로피테쿠스는 직립보행을 하면서 어떤 변화가 생겼을까요?

260만 년 전 오스트랄로피테쿠스들이 냇가의 큰 돌을 쳐내어 끝을 날카롭게 만들었다.

>> **5** 인류의 흔적을 찾아다니는 인류학자들은 아프리카 대륙으로 많이 모여듭니다. 리키 부부 역시 아프리카에서 많은 시간을 보냈습니다. 왜 많은 인류학자들이 아프리카로 모여들까요?

지금의 아프리카를 떠올리면 아프리카 대륙은 사람이 살기 좋은 환경은 아닙니다. 그런데 최초의 인류인 오스트랄로피테쿠스는 왜 아프리카 대륙에서 나타났을까요?

● 최초의 인류가 살았던 아프리카 대륙

오스트랄로피테쿠스가 살던 당시 아프리카는 비가 많이 오고 숲이 무성한 열대 우림 지역이었다. 이들은 처음에는 나무 위에서 생활했는데, 두 발로 걷기 시작하면서 땅에서 사는 것에 익숙해졌다. 시간이 흐를수록 먹이도 땅에서 찾기 시작했다. 주로 나무뿌리, 식물뿌리, 과일, 씨앗 등을 먹고 살았고, 육식은 쥐 같은 작은 동물이나 곤충을 잡아먹는 것이 전부였다.

그런데 어느 날부터 아프리카 대륙에 골짜기와 산맥이 생겨나면서 비가 오지 않는 날이 많아져 땅이 메말라 갔다. 먹을 것이 풍부한 음식 창고였던 숲이 이제 사막이나 초원으로 변해 오늘날과 같은 지형이 된 것이다.

>> **1** 대륙과 대양이란 무엇인가요? 다음 지도에서 대륙과 대양을 찾아 쓰고, 대륙과 대양 크기 순서대로 말해 보세요.

大 큰 대 **陸** 육지 륙 _____

大 큰 대 **洋** 바다 양 _____

가장 큰 대륙은?

가장 작은 대륙은?

가장 큰 대양은?

》 2 오스트랄로피테쿠스는 어느 대륙에서 살았나요?

》 3 오스트랄로피테쿠스는 무엇을 먹고 살았을까요?

》 4 오스트랄로피테쿠스가 살았던 시기의 아프리카와 현재 아프리카의 자연환경은 어떻게 다른가요?

과거	현재

》 5 최초의 인류인 오스트랄로피테쿠스가 아프리카 대륙에서 나타난 이유는 무엇일까요?

오래된 대륙

자연환경 　 ? ? ?

세계사
여행

03 아프리카 대륙 탐험 1

최초의 인류인 오스트랄로피테쿠스가 살았던 곳은 아프리카 대륙입니다. 인류의
고향인 아프리카 대륙에 대해 알아봅시다.

≫ 1 다음 <보기>의 산과 강 등을 지도에서 찾아 표시하며 아프리카 대륙의 지형을
익혀 봅시다.

**아프리카
상식**

이름 : 아프리카 / 넓이 : 약 3,036만㎢ (크기 2위 대륙)

국가 : 54개국 / 인구 : 약 12억만 명 (인구 2위 대륙)

보기

사막 : 사하라 사막, 리비아 사막, 칼라하리 사막

산과 산맥 : 킬리만자로 산, 아틀라스 산맥, 아비시니아 고원

강과 호수 : 나일 강, 홍해, 지중해, 빅토리아 호수, 대서양, 인도양

아프리카 지형도

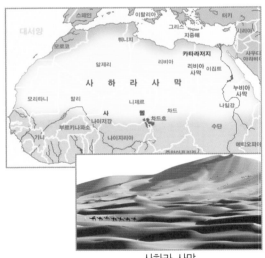
사하라 사막

아프리카 대륙의 약 1/3을 차지하는, 세계에서 가장 큰 사막?

케냐와 탄자니아 사이에 있는 아프리카에서 가장 높은 산?

적도 부근에서 발원해서 지중해로 흘러드는 세계에서 가장 긴 강?

아프리카 대륙과 아라비아 반도 사이에 있는 좁고 긴 바다, 붉은 바다!

>> **2** 아프리카 대륙은 사하라 사막을 기준으로 남북으로 나눕니다. 다음 아프리카 지도에 사하라 사막을 표시한 후 동, 서, 남, 북, 중앙 아프리카를 구분해 보세요.

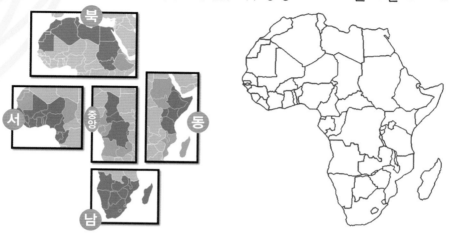

>> **3** 아프리카 대륙은 적도를 기준으로 열대, 건조, 고산, 온대 기후가 대칭을 이룹니다. <보기>의 낱말과 8쪽의 아프리카 지형도를 참조하여 왜 이러한 기후 지역이 됐는지 설명해 보세요.

보기　　적도　　　사하라 사막　　킬리만자로 산　　드라켄즈버그 산맥
아틀라스 산맥　　바다(지중해　대서양　인도양)

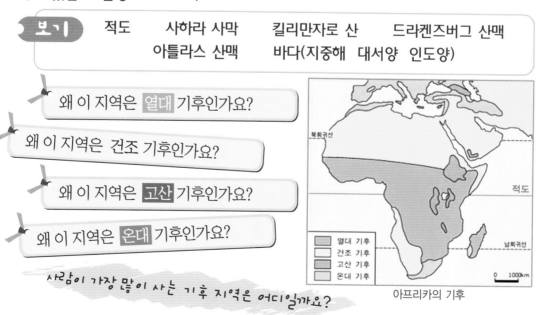

왜 이 지역은 **열대** 기후인가요?

왜 이 지역은 건조 기후인가요?

왜 이 지역은 **고산** 기후인가요?

왜 이 지역은 **온대** 기후인가요?

사람이 가장 많이 사는 기후 지역은 어디일까요?

아프리카의 기후

열대기후 : 적도 주변 지역으로 가장 추운 달 평균 기온이 18도 이상인 기후로, 매우 덥고 비가 많다. / **건조기후** : 강수량이 적고 증발량이 많아 식물이 거의 자랄 수 없다. / **고산기후** : 해발 2000m 이상 높은 산지에서 나타나는 기후로, 수증기 양이 적어 안개가 많고 기온 변화가 크지 않다. / **온대기후** : 가장 추운 달 평균 기온이 −3℃ 이상 18℃ 이하인 기후로, 사계절이 뚜렷하고 기온과 강수량이 적당해 사람이 가장 많이 산다.

04 아프리카 대륙 탐험 2

다양한 지형과 기후를 가진 아프리카에는 현재 50여 개의 나라가 있습니다. 아프리카를 구성하는 나라들을 알아봅시다.

>> **1** 다음 아프리카 지도에서 내가 알고 있는 나라들을 표시해 보세요. 그 중 한 나라를 정해 알게 된 이유를 써 보세요.

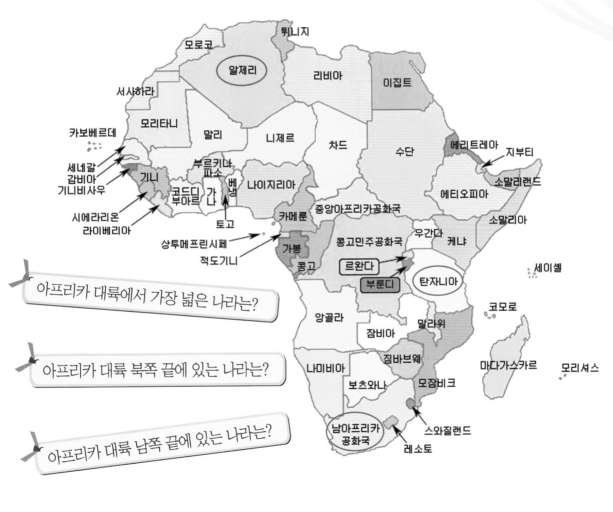

아프리카 대륙에서 가장 넓은 나라는?

아프리카 대륙 북쪽 끝에 있는 나라는?

아프리카 대륙 남쪽 끝에 있는 나라는?

나라 이름:

어떻게 알았나요?

》2 다음 빈 칸을 채우고, 설명하는 나라를 10쪽의 아프리카 지도에서 찾아보세요.

1 지하자원이 풍부해 아프리카가 가장 오래된 대륙이란 것을 알 수 있게 해주는 남아프리카 에 위치한 이 나라는?

이 나라엔 전 세계 다이아몬드와 금의 반 이상이 매장되어 있어. 오래된 대륙일수록 광물이 많은 법이거든. 그래서 일찍부터 유럽인들이 거주했고, 다른 아프리카 국가에 비해 경제적으로 풍족한 편이었지. 사람이 살기 좋은 _____ 기후 지역으로 2010년엔 월드컵을 개최했어.

2 아프리카가 인류가 탄생한 곳이라는 것을 알려주는 화석이 발견된 동아프리카 에 위치한 이 나라는?

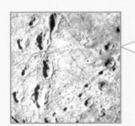

이 나라에서 가장 오래된 인류의 발자국 화석이 발견되었어. 발자국 길이는 27m이고 69개가 찍혀 있어. 360만 년이나 된 이 발자국 화석 주인은 루시와 같은 _____ 야.

3 과거 아프리카의 자연환경과 신석기 시대 문화를 알 수 있는 북아프리카 에 위치한 이 나라는?

이 나라엔 유네스코 세계문화유산으로 지정된 타실리 나제르 동굴 유적이 유명해. 이 동굴에 소, 양, 사냥하는 사람 등 벽화가 그려져 있는데, 그림을 자세히 보면 소가 눈물을 흘리고 있어. 소는 비가 오지 않으면 눈물을 흘리는데, 기원전 2000년쯤 비가 오지 않는 땅이 되어 후손들이 그 곳을 떠나면서 조상들이 그려 놓은 소의 얼굴에 _____ 을 새겨 놓은 것으로 추정하고 있어.

11

아프리카 국가 익히기

오늘은 인류의 고향인 아프리카 대륙을 배웠습니다. 먼저 내가 알고 있는 아프리카 국가를 다음 지도에 써 넣고, 모르는 국가들은 10쪽의 아프리카 지도를 보며 채워 넣읍시다.

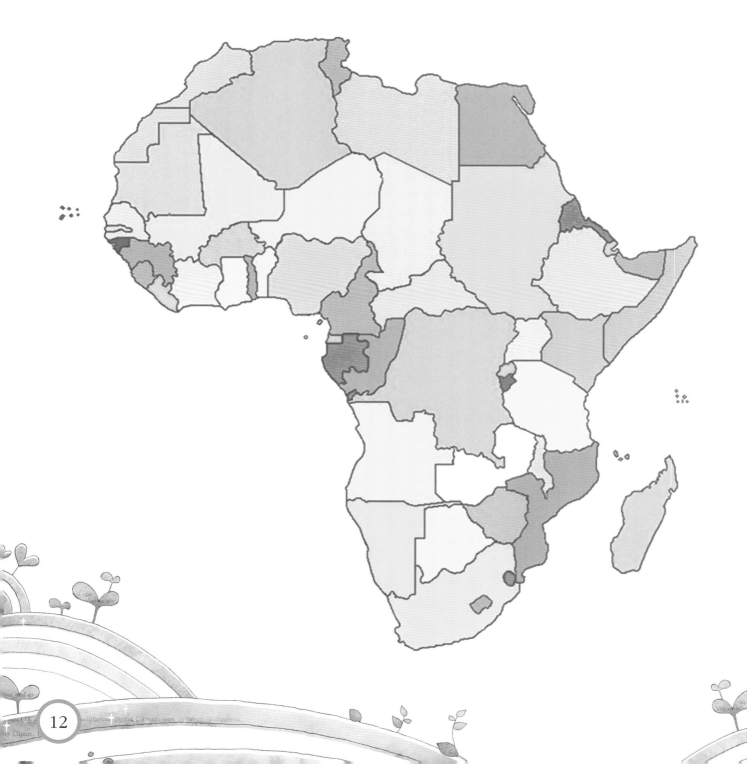

2 호모 에렉투스

공부하고 지도에 표시하기

약 180만 년 전 아프리카에는 오스트랄로피테쿠스에 이어 호모 에렉투스라는 새로운 인류가 나타났습니다. 호모 에렉투스에 대해 알아봅시다.

호모 에렉투스의 첫 화석 ― 자와 원인(原人)

호모 에렉투스의 첫 화석은 1891년 네덜란드의 해부학자 뒤부아가 인도네시아의 자와 섬에서 처음 발견했다. 이후 호모 에렉투스의 화석은 중국의 베이징, 독일의 하이델베르크, 알제리의 테르니판, 모로코의 멜카콘투레아, 탄자니아의 올두바이, 케냐의 투르카나 호수 등에서 발견되었다. 호모 에렉투스는 아프리카 대륙에서 발생하여 아시아와 유럽 대륙으로 퍼져 나갔다. 그래서 유럽과 아시아

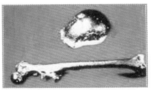
자와 원인의 뼈화석

자와 원인의 복원도

대륙에는 호모 에렉투스의 화석과 유적지가 널리 분포하고 있다. 한반도에서는 아직 호모 에렉투스의 사람뼈 화석을 발견하지는 못했으나 ㉠그들이 살던 흔적은 발견했다.

중국에서 발견된 호모 에렉투스 ― 베이징 원인(原人)

중국은 '용의 유골' 이라는 오래된 뼈를 갈아서 약으로 사용했다. 스웨덴 지질학자 안데르손은 1923년 용의 유골이 발견되는 베이징에서 남쪽으로 45km 떨어진 '저우커우뎬' 동굴을 조사하기 시작했다. 그 곳에는 어린이 15명을 비롯해서 총 40명의 호모 에렉투스 화석이 발견되었다. 이들을 '베이징 원인' 이라 부른다. 저우커우뎬의 베이징 원인 유적은 1987년 유네스코의 세계 유산으로 등록되었다.

저우커우뎬 동굴

베이징 원인의 머리뼈화석

베이징 원인의 복원도

》1 호모 에렉투스는 무슨 뜻일까요?

호모 (Homo)	**+**	에렉투스 (erect)

》2 아프리카에서 탄생한 호모 에렉투스가 인도네시아와 중국에서 발견된 이유는 무엇인가요? 이들을 왜 자와 원인, 베이징 원인이라 부르나요?

》3 오스트랄로피테쿠스와 호모 에렉투스의 다른 점을 비교해 보세요.

》4 불의 사용은 호모 에렉투스에게 어떤 도움을 주었을까요?

》5 다음 중 ㉠에 해당하는 한반도의 유물과 유적을 찾아 ○ 하세요.

유라시아 대륙으로 떠난 호모 에렉투스

호모 에렉투스는 아프리카를 떠나 아시아와 유럽으로 이동해 갔습니다. 이들은 왜 오래된 고향을 떠나 다른 대륙으로 옮겨 갔을까요?

>> **1** 다음 호모 에렉투스의 이동 경로 지도를 보고 물음에 답해 봅시다.

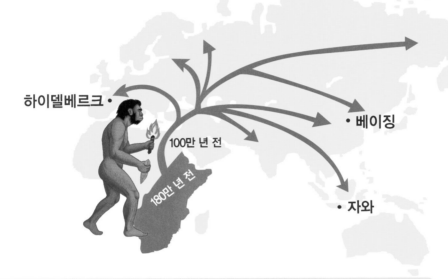

하이델베르크 •
100만 년 전
180만 년 전
• 베이징
• 자와

호모 에렉투스가 탄생한 곳은 어느 대륙인가요?

호모 에렉투스의 화석이 발견된 대륙은 어디인가요?

호모 에렉투스는 왜 아프리카를 떠나 다른 대륙으로 이동했을까요?

호모 에렉투스는 양손에 무엇을 들고 있나요?

호모 에렉투스 화석이 발견된 지명을 쓰세요.

>> **2** 호모 에렉투스는 아프리카를 떠나 유라시아 대륙으로 갔습니다. 유라시아 대륙에 대해 알아봅시다.

1 유라시아란 무슨 뜻일까요?

 +

2 지도에서 우랄 산맥을 찾아 표시하고 유럽과 아시아 대륙을 구분해 보세요.

3 유럽과 아시아는 하나의 대륙으로 붙어 있는데, 왜 유럽과 아시아 대륙으로 나누었을까요? 유럽과 아시아 대륙으로 나누는 것이 옳은 것일까요? 내 생각을 써 보세요.

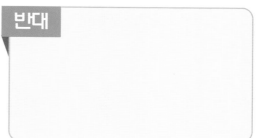

찬성	반대

03 아시아 대륙 탐험

호모 에렉투스가 아프리카를 떠나 처음 간 곳은 아시아 대륙입니다. 가장 넓은 대륙인 아시아에 대해 알아봅시다.

>> **1** 다음 <보기>의 산과 강 등을 지도에서 찾아 표시하며 아시아 대륙의 지형을 익혀 봅시다.

아시아 상식

이름 : 아시아 / 넓이 : 약 4,397만km2 (크기 1위 대륙)

국가 : 48개국 / 인구 : 약 39억 3200만 명 (인구 1위 대륙)

보기

산과 산맥 : 에베레스트 산, 우랄 산맥, 알타이 산맥, 히말라야 산맥

강과 바다 : 인더스 강, 메콩 강, 양쯔 강, 황하

반도 : 아라비아 반도, 인도차이나 반도, 한반도

사막, 고원 : 시리아 사막, 고비 사막, 이란 고원, 파미르 고원, 티베트 고원

아시아에서 가장 큰 사막은?

8850m로 세계에서 가장 높은 산은?

아시아에서 가장 긴 강은?

세계의 지붕이라고 불리는 고원은?

>> **2** 아시아 대륙은 세계에서 가장 넓고 인구가 많은 대륙입니다. 아시아 대륙을 다음과 같이 5개 지역으로 나누어 보세요. 우리나라는 어디에 속하나요?

1 북아시아(시베리아)

2 ----------------------------

3 ----------------------------

4 ----------------------------

5 ----------------------------

>> **3** 다음 아시아 대륙 지도에서 내가 알고 있는 나라들을 표시해 보세요. 그 중 한 나라를 정해 알게 된 이유를 써 보세요.

아시아 대륙에서 가장 넓은 나라는?

아시아 대륙 서쪽 끝에 있는 나라는?

나라 이름:

어떻게 알았나요?

유럽 대륙 탐험

호모 에렉투스는 하나의 대륙 안에 아시아와 같이 붙어 있는 유럽 대륙으로도 이동해 갔습니다. 유럽 대륙에 대해 알아봅시다.

>> 1 다음 <보기>의 산과 강 등을 지도에서 찾아 표시하며 유럽 대륙의 지형을 익혀 봅시다.

유럽 상식
이름 : 유럽 / 넓이 : 약 1,018만km²
국가 : 50개국 / 인구 : 약 7억 9000만 명 (인구 3위 대륙)

보기
산맥 : 우랄 산맥, 스칸디나비아 산맥, 알프스 산맥, 피레네 산맥
강과 바다 : 지중해, 흑해, 카스피 해, 발트 해, 북해, 대서양
반도 : 스칸디나비아 반도, 이베리아 반도, 이탈리아 반도, 발칸 반도

유럽의 지형

아시아와 유럽의 경계를 이루는 산맥은?

스위스, 프랑스, 독일 등 6개국에 걸쳐 있으며, 최고봉 몽블랑이 있는 산맥은?

프랑스와 에스파냐의 국경을 이루는 산맥은?

아프리카와 유럽 대륙 사이에 있는 바다는?

에스파냐가 있는 반도는?

>> **2** 유럽은 크게 네 지역으로 나눕니다. 다음 지역을 구분하고 각 유럽에 속하는
국가들을 옆의 지도에서 찾아 써 보세요.

①
----

②
----

③
----

④

동부 유럽 국가

서부 유럽 국가

남부 유럽 국가

북부 유럽 국가

>> **3** 옆의 유럽 지도에서 내가 알고 있는 나라를 찾아보세요. 그 중 한 나라를 정해
알게 된 이유를 써 보세요.

나라 이름:

어떻게 알았나요?

아시아와 유럽 국가 익히기

오늘은 우리가 살고 있는 아시아 대륙과 서양 문명의 고향인 유럽 대륙을 배웠습니다. 먼저 내가 알고 있는 국가를 다음 지도에 써 넣고, 모르는 국가들은 19쪽의 아시아, 20쪽의 유럽 지도를 보며 채워 넣읍시다.

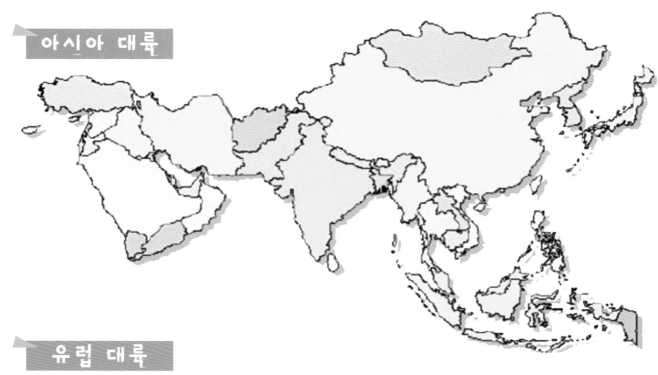

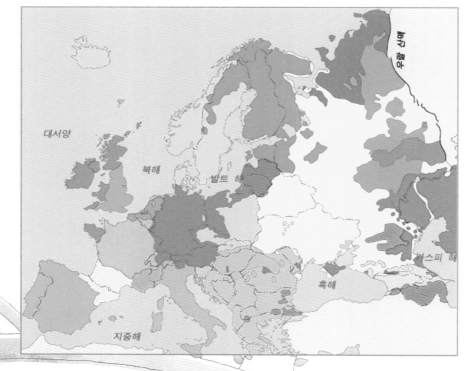

3 호모 사피엔스

공부하고 지도에 표시하기

약 20만 년 전 아프리카에는 호모 에렉투스 다음으로 호모 사피엔스가 나타나
아프리카를 떠나 모든 대륙으로 퍼져 나갔습니다.

>> **1** 호모 사피엔스는 무슨 뜻일까요?

호모 (Homo)	+	사피엔스 (sapiens)

>> **2** 호모 사피엔스가 나타나자 호모 에렉투스는 어떻게 되었을까요?

다 없어졌다

잘 모르겠다

함께 살았다

>> **3** 호모 에렉투스와 호모 사피엔스의 다른 점을 비교해 보세요.

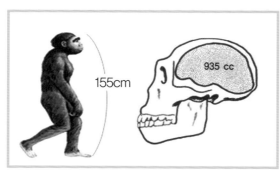

155cm 935 cc

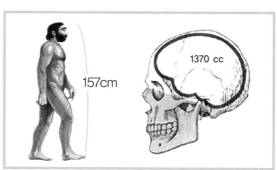

157cm 1370 cc

키   뇌의 크기   도구

>> **4** 호모 사피엔스는 아프리카를 떠나 모든 대륙으로 이동해 갔습니다. 호모 사피엔스가 살았던 대륙 이름을 지도 위에 써 넣으세요.

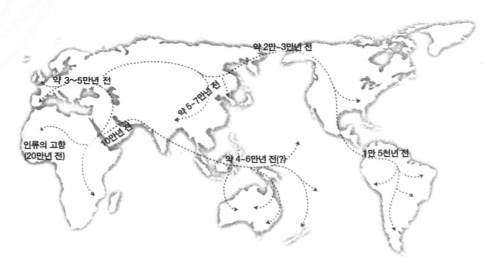

>> **5** 호모 사피엔스 중 가장 유명인은 유럽에 살았던 네안데르탈인입니다. 다음 그림의 네안데르탈인들은 무엇을 하고 있나요? 네안데르탈인은 왜 이런 행동을 했을까요?

>> **6** 약 10만 년 전 한반도에 살았던 호모 사피엔스는 덕천인입니다. 덕천인의 어금니가 발견된 승리산 동굴을 지도에서 찾아보세요.

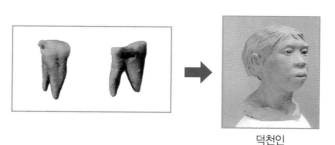

덕천인

02 오세아니아 대륙 탐험

> 호모 사피엔스는 뗏목과 배 만드는 법을 익힌 뒤 약 4~5만 년 전 오스트레일리아로 갔습니다. 오세아니아 대륙에 대해 알아봅시다.

》1 오세아니아는 대양주라고도 부릅니다. 왜 그렇게 부를까요?

Oceania

大	洋	洲
큰 대	바다 양	주 주

》2 오세아니아 대륙은 오스트레일리아, 뉴질랜드, 멜라네시아, 미크로네시아, 폴리네시아를 포함한 대부분의 태평양 지역의 섬을 말합니다. 호주와 뉴질랜드를 지도에서 찾고 다음 세 지역에 속하는 나라들을 지도에서 묶어 보세요.

오세아니아 대륙

| 오스트레일리아(호주) | 뉴질랜드 |

미크로네시아	괌, 나우루, 마셜제도, 미크로네시아 연방, 북마리아나 제도, 웨이크 섬, 키리바시, 팔라우
멜라네시아	뉴 칼레도니아, 바누아투, 솔로몬 제도, 인도네시아, 파푸아 뉴기니, 피지
폴리네시아	니우에, 사모아, 아메리칸 사모아, 왈리스 퓌튀나, 이스터 섬, 쿡제도, 통가, 투발루, 핏케언제도, 하와이

>> **3** 다음 물음에 답하며 오세아니아 대륙과 친해집시다.

오세아니아 상식

이름 : 오세아니아(Oceania=대양) / 넓이 : 약 903만km²

국가 : 15개국 / 인구 : 약 3,890만 명

아시아와 오세아니아의 경계가 되는 섬은?

오스트레일리아의 유일한 산맥을 찾아보세요.

뉴질랜드는 몇 개의 섬으로 이루어져 있나요?

>> **4** 위의 지도에서 내가 알고 있는 나라를 찾아보세요. 그 중 한 나라를 정해 알게 된 이유를 써 보세요.

나라 이름:
_____

어떻게 알았나요?
_____

_____

호모 사피엔스는 약 2만 년 전 아시아에서 얼어붙은 해상 육로를 통해 아메리카 대륙으로 갔습니다. 아메리카 대륙의 구분법에 대해 공부해 봅시다.

>> **1** 아메리카 대륙은 다음과 같이 두 대륙으로 나눕니다. 앵글로 아메리카와 관련된 낱말은 ○, 라틴아메리카와 관련된 낱말은 △ 하면서 두 대륙의 차이점을 알아보세요.

지리적 구분
북아메리카
중앙아메리카
남아메리카

문화적 구분
앵글로 아메리카
라틴 아메리카

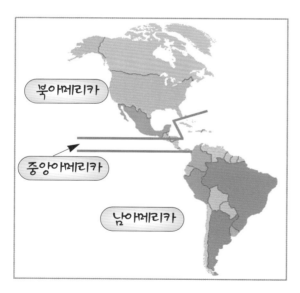

미국   에스파냐   그린란드   유럽계 백인

포르투갈   아메리카인디언   중남미   콜럼버스

에스키모   캐나다   앵글로색슨족   라틴문화

>> **2** 다음 아메리카 대륙 지도를
보고 물음에 답해 봅시다.

1 앵글로 아메리카와 라
틴 아메리카의 경계를
표시해 보세요.

2 북아메리카, 중앙아메
리카, 남아메리카의
경계를 표시하고 해당
하는 나라들을 찾아
써 보세요.

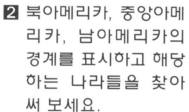

북아메리카(2개국)

중앙아메리카(5개국)

남아메리카(5개국)

3 여러분은 문화적 구분과 지리적 구분 중 어느 쪽이 더 맞다고 생각
하나요?

아프리카에서 탄생한 인류의 마지막 종착지는 아메리카 대륙이었습니다. 아메리카 대륙에 대해 알아봅시다.

>> 1 다음 지도를 보고 물음에 답하며 북아메리카 대륙의 지형을 익혀 봅시다.

북아메리카 상식

이름 : 북아메리카(앵글로) / 넓이 : 약 2,470만km²

국가 : 23개국 / 인구 : 약 5억 2900만 명

북아메리카 동쪽과 서쪽 끝에 있는 산맥을 찾아보세요.

미국에서 가장 긴 강은?

멕시코와 미국을 구분하는 강을 찾아보세요.

미국과 캐나다의 경계를 이루는 다섯 개의 호수는?

미국과 캐나다의 수도는 어디인가요? 지도에서 찾아보세요.

>> **2** 다음 물음에 답하며 중앙 · 남아메리카(중남미) 대륙의 지형을 익혀 봅시다.

중앙 · 남아메리카
상식

이름 : 남 · 중앙(라틴) 아메리카 / 넓이 : 약 2,106만km²
국가 : 20개국 / 인구 : 약 5억 6900만 명

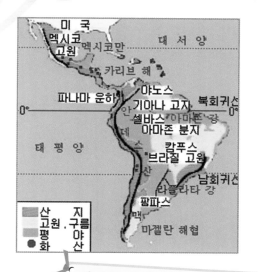

대서양과 태평양을 이어주는 64km의 운하는?

히말라야 산맥 다음으로 높은, 남아메리카 서쪽에 있는 세계에서 가장 긴 산맥은?

남아메리카에서 가장 면적이 큰 나라는?

>> **3** 아메리카 대륙의 나라 중 내가 알고 있는 나라를 찾아보세요. 그 중 한 나라를
정해 알게 된 이유를 써 보세요.

나라 이름:

어떻게 알았나요?

아메리카 국가 익히기

오늘은 호모 사피엔스가 가장 마지막으로 간 대륙인 아메리카 대륙을 배웠습니다. 내가 알고 있는 국가를 다음 지도에 써 넣고, 모르는 국가들은 29쪽 아메리카 지도를 보며 채워 넣어 보세요.

4 호모 사피엔스 사피엔스

공부하고 지도에 표시하기

01 호모 사피엔스 사피엔스의 출현

약 4만 년 전 아프리카에는 호모 사피엔스보다 더욱 진화한 호모 사피엔스 사피엔스가 나타나 전 세계로 퍼져 나갔습니다. 이들은 우리의 직접 조상이어서 현생 인류라고 부릅니다.

>> **1** 호모 사피엔스 사피엔스는 무슨 뜻일까요?

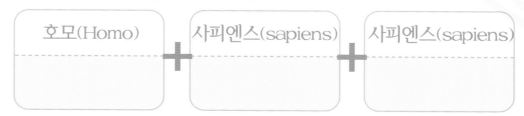

>> **2** 다음 구석기인들이 어느 대륙에 있는지 지도에서 찾아보세요.

오스트랄로피테쿠스 : 아프리카   호모 에렉투스 :

베이징원인(호모 에렉투스) :   네안데르탈인 :

호모 사피엔스 :   호모 사피엔스 사피엔스 :

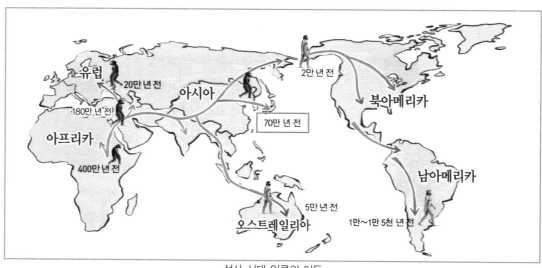

선사 시대 인류의 이동

>> **3** 다음 각 대륙의 이름을 쓰고 인류가 도착한 순서대로 번호를 써 보세요. 또 크기 순위, 인구 순위대로 번호를 써 보세요.

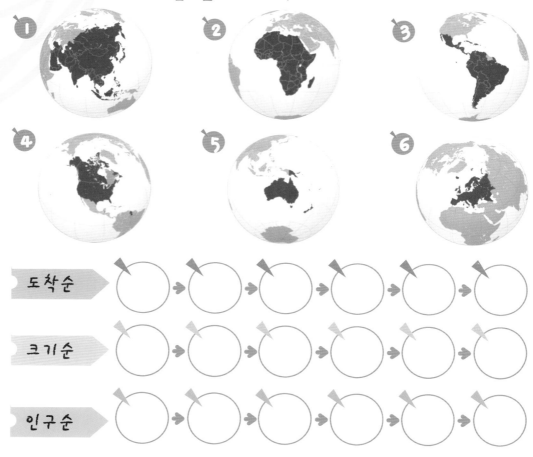

>> **4** 호모 사피엔스와 호모 사피엔스 사피엔스의 다른 점을 비교해 보세요. 호모 사피엔스 사피엔스를 인류의 직접적인 조상이라고 하는 이유는 무엇일까요?

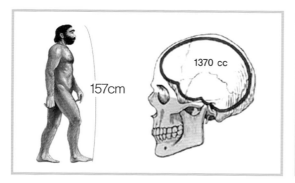

157cm
1370 cc

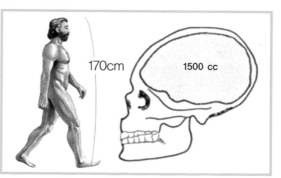

170cm
1500 cc

>> **1** 다음은 인류의 진화 과정표입니다. 빈 칸에 알맞은 답을 채워 보세요.

우린   에서 태어났어~

	약 400만 년 전 ~ 100만 년 전	약 180만 년 전 ~ 30만 년 전	약 20만 년 전	약 4만 년 전
이름			호모 사피엔스	
뜻	남쪽 원숭이		슬기로운 사람	
키	110cm	150~160cm	160~170cm	160~180cm
뇌용량	494 cc	935 cc	1370 cc	1500 cc
도구	냇돌석기	찍개	주먹도끼	슴베찌르개
특징	직립 보행			

>> **2** 오스트랄로피테쿠스부터 호모 사피엔스 사피엔스가 살았던 시기를 무슨 시대라고 부르나요? 왜 그렇게 부르나요?

舊	石	器	時	代
옛	돌	그릇	때	시대

연천 전곡리 유적

>> **3** 인류란 무슨 뜻일까요?

人	類
인 류	무리 류

>> **4** 구석기 시대 사람들은 무엇을 먹고 살았나요?

狩獵   採集   漁撈

>> **5** 다음 그림을 보고 동굴의 장점을 쓰고, 구석기인들이 왜 동굴에서 살았는지 그 이유를 말해 보세요.

◀ 상원 검은모루
동굴 유적

◀ 제천 점말
동굴 유적

슬기슬기 사람들이 그린 동굴 벽화

우리의 직계 조상인 호모 사피엔스 사피엔스는 동굴에 살았습니다. 이들이 동굴 속에 그려 놓은 벽화를 감상해 봅시다.

≫ 1 약 3만 년 전 슬기슬기 사람이 그린 프랑스 쇼베 동굴 벽화를 감상해 봅시다. 다음 동물을 찾고 벽화를 감상한 느낌을 말해 봅시다.

1994년 12월 벽화를 처음 발견한 고고학 담당 공무원 J. M. 쇼베의 이름을 따서 쇼베 동굴 벽화라고 불러요. 약 300여 점의 벽화가 그려져 있는데, 12가지 동물이 등장해요. 유럽 들소(멸종), 들소, 산양, 사슴, 코뿔소 등은 다른 동굴 벽화에서도 발견되나 매머드, 동굴사자, 동굴곰 등은 다른 선사 시대 벽화에서는 발견하지 못한 거예요. 특히 하이에나, 표범, 올빼미 등은 어느 벽화에서도 발견하지 못한 동물이랍니다.

코뿔소   들소

사자   말

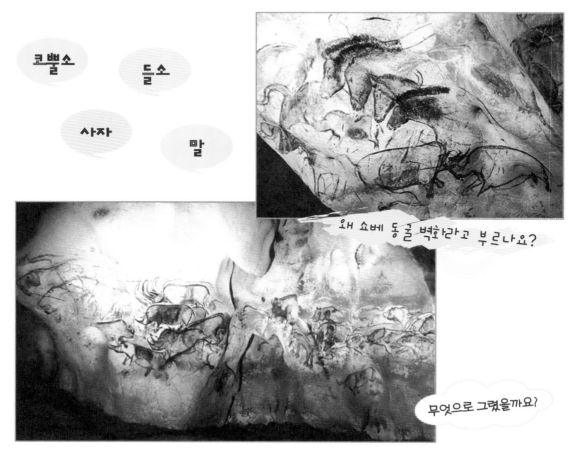

왜 쇼베 동굴 벽화라고 부르나요?

무엇으로 그렸을까요?

>> **2** 약 1만 5천 년 전에 슬기슬기 사람이 그린 프랑스 라스코 동굴 벽화를 감상해
봅시다. 물음에 답하며 벽화를 감상한 느낌을 말해 봅시다.

1940년 4명의 소년들이 프랑스 베제르 계곡의 라스코 동굴에서 우연
히 발견했어요. 베제르 계곡에서는 2000여 점에 달하는 벽화와 암각화
가 있는 25개 동굴이 발견되었어요. 동굴에는 무려 800여 점의 벽화가
있었어요. 들소, 말, 사슴, 염소 등 100여 마리의 동물들이 나오는 사냥
장면을 그린 그림이 가장 유명해요. 가장 큰 들소의 길이는 5미터나 돼
요. 세상에 알려진 뒤 관광객들이 몰려들어 벽화가 훼손되자 프랑스는
1963년 라스코 동굴을 폐쇄하고 200m 떨어진 곳에 복제 동굴인 라스코
2를 만들어 일반인에게 공개하고 있어요.

왜 라스코 동굴 벽화라고 부르나요?

어떤 장면일까요?

어떤 장면일까요?

들소, 말, 사슴, 염소를 찾
아봐요.

>> **3** 약 1만 2천 년 전에 슬기슬기 사람이 그린 에스파냐 알타미라 동굴 벽화를 감
상해 봅시다.

1879년 에스파냐의 북부 알타미라 동굴에서 다섯 살 소녀가 우연히 발견했어요. 당시 그 진위를 놓고 떠들썩했지요. 벽화의 대부분은 천장에 그려져 있어요. 매머드, 들소, 사슴, 멧돼지 등이 검은색, 붉은색, 갈색으로 그려져 있는데 그 생생한 묘사, 아름다운 색채와 입체감은 보는 사람을 압도한답니다.

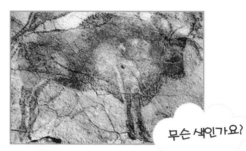

무슨 색인가요?

벽화는 동굴 어디에 그려져 있나요?

손바닥, 원, 동물을 찾아봐요.

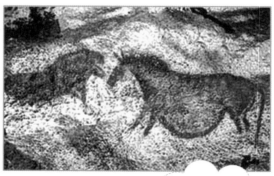

어떤 동물을 그린 건가요?

말은 모두 몇 마리인가요?

>> **4** 호모 사피엔스 사피엔스는 왜 벽화를 그렸을까요? 다음 말풍선에 이들의 소망을 써 보세요.

>> **5** 1909년 오스트리아 다뉴브 강가의 빌렌도르프에서 철도 공사를 하다가 다음 조각상을 발견했습니다. 약 2만 년 전에 슬기슬기 사람들이 만든 조그만 여성 조각상입니다. 함께 감상해 봅시다.

1 지금 우리 모습과 어떻게 다른지 꼼꼼히 살펴 보고 느낌을 말해요.

유방

배

엉덩이

머리

팔

다리

빌렌도르프의 비너스
(높이 11.1cm)

2 슬기슬기 사람들은 왜 이러한 조각상을 만들었을까요?

인류의 탄생 과정 익히기

다음 말풍선에 알맞은 말을 써 넣으며 인류의 탄생 과정
을 지도로 이해하고 정리해 봅시다.

1

나는 _____야.

나는 _____ 대륙에서

태어나 줄곧 고향에서 살다가

일생을 마쳤단다.

2

나는 _____야.

나는 _____ 대륙에서

태어나 _____

_____

대륙으로 옮겨가 살았단다.

3

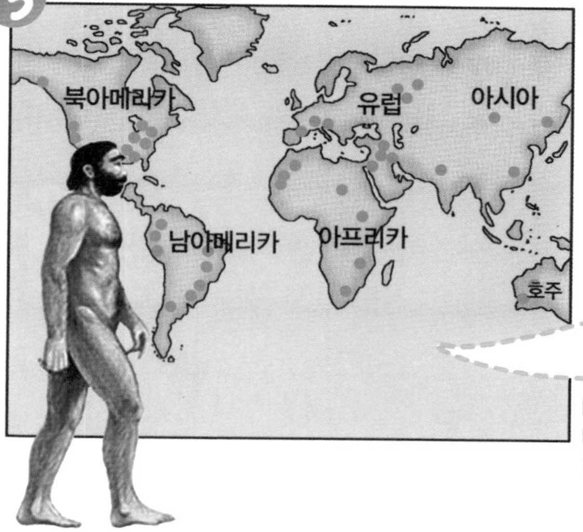

북아메리카
유럽
아시아
남아메리카
아프리카
호주

나는 _____야,

나는 _____대륙에서 태어나

_____

_____

_____

대륙으로 옮겨가 살았단다,

4

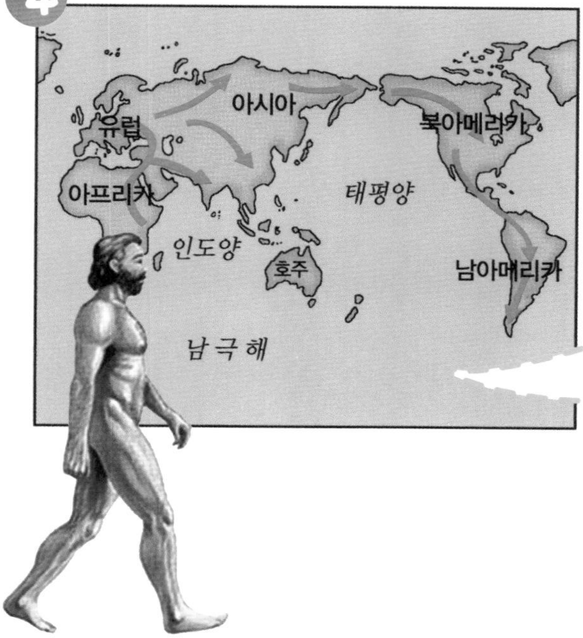

유럽
아시아
북아메리카
아프리카
태평양
인도양
호주
남아메리카
남극해

나는 _____야,

너희들의 직접 조상이어서

_____ 라고 불러,

괴롭고 힘든 여행이었지만, 그 덕분에
모든 대륙에 인류가 퍼져
살게 되었단다,

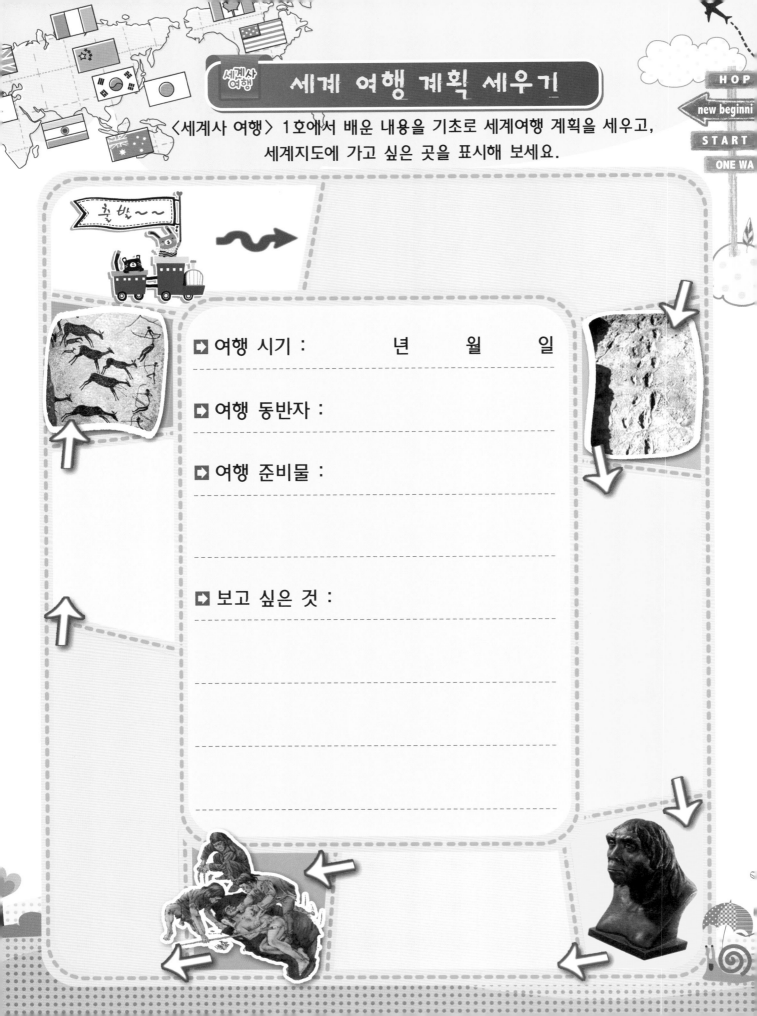

세계사 여행

세계 여행 계획 세우기

〈세계사 여행〉1호에서 배운 내용을 기초로 세계여행 계획을 세우고,
세계지도에 가고 싶은 곳을 표시해 보세요.

출발~~

HOP
new beginni
START
ONE WA

▶ 여행 시기 :   년   월   일

▶ 여행 동반자 :

▶ 여행 준비물 :

▶ 보고 싶은 것 :

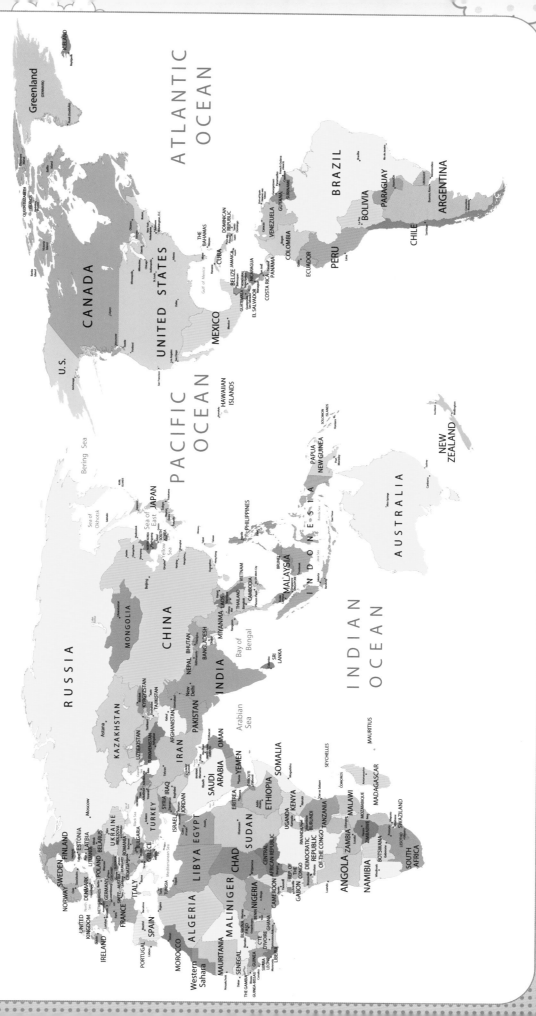

세계사 여행!

내가 가고 싶은 곳

역사 전문 프로그램
✽가톨릭교회사연구소

1차시 오스트랄로피테쿠스　3쪽~

01. 최초의 인류- 오스트랄로피테쿠스

1. ① 현대인의 발자국과 거의 동일한 약 360만 년 전 인류의 발자국을 발견했기 때문이다.
   (인류학자 : 인류의 진화를 연구하는 사람)
   ② 360만년 전 인류의 발자국, 탄자니아 올두바이 박물관
   ③ 남쪽 / 원숭이
2. 발의 모양 : 오스트랄로피테쿠스 엄지발가락과 다른 발가락이 붙어 있어 걸을 때 안정적이다.
   손의 모양 : 오스트랄로피테쿠스 엄지손가락이 더 크고 많이 벌어져 손놀림이 자유롭다.
   뇌의 용량 : 오스트랄로피테쿠스 뇌가 침팬지보다 더 커서 생각과 기억력이 더 뛰어나다.
3. 두 발로 걸을 수 있기 때문이다.
4. 두 발로 걸으면서 손이 자유로워져 도구를 사용하게 되었다.
5. 아프리카에서 '발자국 화석' 같은 초기 인류의 화석이 많이 발견되었기 때문이다.

02. 왜 아프리카 대륙에서 처음 인류가 나타났을까?

1. 대륙 : 큰 땅(큰 육지), 대륙 크기 순서 : 아시아, 아프리카, 북아메리카, 남아메리카, 유럽, 오세아니아 / 대양 : 큰 바다, 대양 크기 순서 : 태평양, 대서양, 인도양, 북극해, 남극해 / 가장 큰 대륙 : 아시아, 가장 작은 대륙 : 오세아니아, 가장 큰 대양 : 태평양
2. 아프리카 대륙
3. 나무뿌리, 식물뿌리, 과일, 씨앗, 쥐, 곤충
4. 과거 – 비가 많이 오고 숲이 무성하다.
   현재 – 비가 잘 오지 않고 땅이 메마른 사막이 많다.
5. 아프리카가 오래된 대륙이어서, 아프리카 대륙에 먹을 것이 많아서 등 자유롭게 상상해 본다.

03. 아프리카 대륙 탐험 1

1. 사하라 사막 / 킬리만자로 산 / 나일 강 / 홍해
2. 왼쪽 지도를 보고 오른쪽 지도를 나누어 본다.
3. 열대 : 태양 광선을 가장 많이 받는 적도에 위치해 있기 때문이다. / 건조 : 세계 최대 사하라 사막이 있기 때문이다. / 고산 : 킬리만자로 산, 드라켄즈버그 산맥, 아틀라스 산맥이 있기 때문이다. / 온대 : 적도에서 벗어나 있고 바다가 근접해 있기 때문이다.
   (온대기후 지역에 사람이 가장 많이 산다.)

04. 아프리카 대륙 탐험 2

1. 넓은 나라 : 알제리 / 북쪽 끝 : 튀니지 / 남쪽 끝 : 남아프리카공화국 / 지도에서 나라를 고르고 알게 된 이유를 써 본다.
2. ① 온대, 남아프리카공화국
   ② 오스트랄로피테쿠스, 탄자니아　③ 눈물, 알제리

2차시 호모 에렉투스　13쪽~

01. 호모 에렉투스의 출현

1. 사람 / 똑 바로 선
2. 호모 에렉투스가 아프리카를 떠나 다른 지역으로 이동했기 때문이다. / 호모 에렉투스 뼈가 발견된 곳이 인도네시아 자와와 중국 베이징이기 때문이다.
3. 그림을 보고 자유롭게 자신의 생각을 말한다.
   예) 키가 자랐다. 뇌의 용량이 커졌다. 털이 줄어들었다.
4. ① 따뜻해서 밤에도 춥지 않다.
   ② 고기를 익혀 먹을 수 있어 소화가 잘되고 영양상태가 좋다.
   ③ 불을 무서워하는 맹수에게서 자신을 보호할 수 있다.
5. 불 피운 흔적, 뗀석기, 동굴

02. 유라시아 대륙으로 떠난 호모 에렉투스

1. 아프리카 / 유럽, 아시아 / 새로운 먹거리를 찾으러 떠났다. / 도구와 불 / 하이델베르크, 자와, 베이징
2. ① 유럽/아시아
   ② 지도에서 유럽과 아시아 사이에 있는 우랄 산맥을 찾아 표시한다.
   ③ 자유롭게 자신의 생각을 써 본다.

03. 아시아 대륙 탐험

1. 고비 사막 / 에베레스트 산 / 양쯔 강 / 파미르 고원
2. ② 서아시아
   ③ 남아시아
   ④ 동남아시아
   ⑤ 동북아시아
3. 넓은 나라 : 중국 / 서쪽 끝 나라 : 터키 / 지도에서 나라를 고르고 알게 된 이유를 써 본다.

04. 유럽 대륙 탐험

1. 우랄 산맥 / 알프스 산맥 / 피레네 산맥 / 지중해 / 이베리아 반도
2. ① 동유럽　② 서유럽　③ 남유럽　④ 북유럽
   - 동부 유럽 국가 : 러시아, 루마니아, 몰도바, 벨라루스, 불가리아, 슬로바키아, 우크라이나, 체코, 폴란드, 헝가리
   - 서부 유럽 국가 : 네덜란드, 독일, 룩셈부르크, 리히텐슈타인, 모나코, 벨기에, 스위스, 오스트리아, 프랑스
   - 남부 유럽 국가 : 그리스, 마케도니아공화국, 모나코, 몬테네그로, 몰타, 바티칸 시국, 보스니아 헤르체고비나, 불가리아, 산마리노, 세르비아, 스페인, 안도라, 알바니아, 이탈리아, 지브롤터, 크로아티아, 포르투갈
   - 북부 유럽 국가 : 노르웨이, 덴마크, 라트비아, 리투아니아, 스웨덴, 아이슬란드, 에스토니아, 영국, 핀란드, 아일랜드
3. 지도에서 나라를 고르고 알게 된 이유를 써 본다.

3차시 호모 사피엔스 23쪽~

01. 호모 사피엔스의 출현

1. 사람 / 지혜(슬기)
2. 자유롭게 자신의 의견을 써 본다.
3. 그림을 보고 자유롭게 말한다.
   예) 키가 자랐다. 뇌의 용량이 커져서 더 많은 생각을 했다. 더 발달된 도구를 사용했다.
4. 아프리카, 유럽, 아시아, 아메리카, 오세아니아
5. 죽은 사람을 땅에 묻어 주고 있다. 사슴뿔이나 꽃을 시체 옆에 두었다. / 죽음을 슬퍼했고, 장례 의식이 있었다. 죽은 뒤의 세계를 믿었다고 추측해 볼 수 있다.
6. 지도에서 덕천 승리산 동굴을 찾아본다.

02. 오세아니아 대륙 탐험

1. 오세아니아 바다 면적은 약 7000만㎢에 이르고, 그 안에 1만 개 이상의 크고 작은 섬들이 있어 큰 바다로 이루어진 대륙이라는 뜻으로 대양주라고 부른다.
2. 지도에 지역을 구분해 본다.
3. 뉴기니 섬 / 그레이드디바이딩 산맥 / 2개
4. 지도에서 나라를 고르고 알게 된 이유를 써 본다.

03. 아메리카 대륙 탐험 1

1. 앵글로아메리카 – 미국, 그린란드, 아메리카인디언, 에스키모, 캐나다, 앵글로색슨족
   라틴아메리카 – 에스파냐, 유럽계 백인, 포르투갈, 중남미, 콜럼버스, 라틴문화
2. ① 지도에서 리오그란데 강을 찾아본다.
   ② 지도에서 경계를 찾아 표시한다.
      – 북아메리카 : 그레나다, 그린란드, 도미니카 공화국, 도미니카 연방, 멕시코, 미국, 바베이도스, 바하마, 세인트루시아, 세인트빈센트 그레나딘, 세인트키츠 네비스, 아이티, 앤티가 바부다, 자메이카, 캐나다, 쿠바, 트리니다드 토바고
      – 중앙아메리카 : 벨리즈, 코스타리카, 엘살바도르, 과테말라, 온두라스, 니카라과, 파나마
      – 남아메리카 : 가이아나, 베네수엘라, 볼리비아, 브라질, 수리남, 아르헨티나, 에콰도르, 우루과이, 칠레, 콜롬비아, 파라과이, 페루, 프랑스령 기아나
   ③ 자유롭게 자신의 의견을 써 본다.

04. 아메리카 대륙 탐험 2

1. 동쪽 : 애팔래치아 산맥, 서쪽 : 로키 산맥 / 미시시피 강 / 리오그란데 강 / 오대호 / 미국 : 워싱턴D.C., 캐나다 : 오타와
2. 파나마 운하 / 안데스 산맥 / 브라질
3. 지도에서 나라를 고르고 알게 된 이유를 써 본다.

4차시 호모 사피엔스 사피엔스 33쪽~

01. 호모 사피엔스 사피엔스의 출현

1. 사람 / 지혜(슬기) / 지혜(슬기)
2. 오스트랄로피테쿠스 : 아프리카 / 호모 에렉투스 : (서)아시아 / 베이징원인(호모에렉투스) : (동)아시아 / 네안데르탈인 : 유럽 / 호모 사피엔스 : 오스트레일리아, 북아메리카 / 호모 사피엔스 사피엔스 : 남아메리카
3. 도착 : ② → ① → ⑥ → ⑤ → ④ → ③
   크기 : ① → ② → ④ → ③ → ⑥ → ⑤
   인구 : ① → ② → ⑥ → ③ → ④ → ⑤
4. 그림을 보고 자유롭게 말해 본다.
   예) 키가 자랐다. 뇌의 용량이 커져서 더 많은 생각을 했다. 호모 사피엔스 사피엔스는 지금의 우리와 비슷하다.
   호모 사피엔스 사피엔스는 오늘날과 비슷한 모습과 지능을 가졌다.

02. 인류와 함께 시작된 구석기 시대

1. 우린 아프리카에서 태어났어~
   오스트랄로피테쿠스 / 호모 에렉투스, 곧게 선 사람, 불 사용 / 모든 대륙으로 퍼짐 / 인류의 조상
2. 구석기 시대
3. 사람을 다른 동물과 구분하는 말
4. 수렵, 채집, 어로
5. 예) 추위를 피해 따뜻하게 지낼 수 있어서. 맹수의 공격을 받지 않아서 등

03. 슬기슬기 사람들이 그린 동굴 벽화

1. 그림 속에서 찾아본다. / 처음 발견한 사람의 이름을 따서 쇼베 동굴 벽화라고 이름붙였다. / 숯(목탄)
2. 라스코 동굴에서 발견되어 라스코 동굴 벽화라고 이름붙였다. / 들소의 공격을 받는 장면 / 사냥하는 장면 / 그림 속에서 찾아본다.
3. 붉은색과 갈색 / 동굴 천장 / 그림 속에서 찾아본다. / 3마리 / 사슴
4. 그림을 보고 자신의 생각을 자유롭게 써 본다.
   예) 사냥이 잘 되게 해주세요. 동물을 많이 잡게 해주세요. 비가 오게 해주세요. 건강하게 살게 해주세요.
5. ① 자유롭게 자신의 생각을 써 본다.
   ② 먹을 것이 부족해서 항상 배가 고팠고, 굶어 죽거나 사냥 나갔다가 죽는 사람이 많았기 때문에 풍요와 다산을 상징하는 유방과 배와 엉덩이를 크게 만들었다.